人＝人生＝建築

ユイイツムニの家

石井智子

はじめに

「世の中に流されず、人は本来どう在るべきかを考えなさい」

これは、父である建築家・石井修から聞いた話の中で、私にとって一番大切な言葉です。父は、人がこの世にどのように存在するのか、本来どのように生きるのが人として望ましいかをいつも考えていました。だからこそ、設計してから40年以上たった家であっても、現代に通用する精神が宿っているのだと思います。父が設計した家に長年住み続けてくださっている方だけでなく、古いお家を若い方が気に入って、新しい住み手となってくださることもあります。これは、本当にありがたいことです。

私自身も建築家として設計する時には、家を建てる人が、どのような場所のどんな敷地で、どのような暮らしをなさるのが一番良いかを、その時々に応じて、ひとつずつ考えます。必然的に、その人に合った二つと無いただ一つの家、その家族に似合う家が、建つ場所の長所を最大限に生かす形で出来上がります。

日常的に山や海、川で余暇を楽しんだり、森の中や水のそばで暮らしたりしていれば、自然とつながることでいつも心の洗濯をしながら生きることができますが、現代においてはそのような環境で暮らせる人は多くはないのが実情です。

石井修の設計した家は、常に庭や外が身近にあるというコンセプトで作られています。どの部屋にいても緑の庭や屋外の景色を愛でることができ、四季折々や一日の時間による移り変わりがいつも感じられて、知らずしらず自然と共に暮らすことができるようになっています。毎日の生活の中に、庭や窓から見える緑があることは、暮らしを心安らぐものにしてくれます。

自然と一体になって生きていると直観が鋭くなり、本当の自分は何を望んでいるか、どう生きたいと思っているかということが次第にわかってくるような気が

します。本来の自分の道を進むと感じた時、私たちは日々が充実し、生きていることに満足感を覚えるのではないでしょうか。

たとえば部屋は自然素材でできていて、家具も部屋のデザインに似合った作り付けの素朴なもので、窓からは庭の木々が見えています。その葉っぱをやさしい陽の光が照らし、キラキラとした木漏れ日が入ってきます。漆喰や無垢の板などの室内は身体に優しく、目に見えるものは気に入ったデザインばかり。気持ちがゆったりとし、そのお日様の光のきらめきを見ていると結構だなぁ、という思いがこみ上げてきます。

そのような生活の中では、どんなことがあっても、どのような道を歩むことになっても、自分に嘘をつかなければ、幸せだと思えるような気がします。そして、仕事が忙しければ忙しいほど、気に入った場所でのゆったりした時間は、ほんの一瞬でも貴重です。そしてその一瞬の幸せな思いが毎日を生き生きとしたも

のにしてくれるように思います。

この本は、父・石井修、そして私自身の住宅設計をめぐる様々な考えをエッセイ風に綴ったものです。また、折に触れて、私が影響を受けた石井修の言葉を雑誌や書籍から引いて掲げてあります。

私は、建築家としては自分の思いを語るのが苦手なほうかもしれません。ですが、少しでも多くの方に、家というものがどのような考えで作られているのかを理解していただきたいと思って、本書を書きました。

この本が、家＝人の暮らす空間がいかに大切か、そして家が人の生き方にどれだけ大きな影響を与えるかを考えるきっかけとなればと思っています。

人間らしい暮らしとは何か。そんなことを考えてみたい方々にお読みいただければ幸いです。

石井 智子

目次

回帰草庵
<ruby>回<rt>かい</rt>帰<rt>き</rt>草<rt>そう</rt>庵<rt>あん</rt></ruby>

公有林越しに回帰草庵を望む。地面にへばりつ
くように建っている

中庭から見上げた廻廊のガラス窓に木々が映り
込んでいる

回帰草庵と石井修

森の懐にいだかれた、
いつもほの暗い空間は
本能に訴えかける居心地の良さがある。

2017年に亡くなった建築家の石井修は住宅作家として知られていますが、初期には主にオフィスビルや工場、商業建築などを設計していました。住宅を主に設計するようになったのは、50歳中頃から晩年にかけてのことです。54歳で兵庫県西宮市甲陽園目神山町に自邸「回帰草庵」を作り、それがきっかけとなって目神山に敷地を持つ方々が設計を依頼してくださるようになりました。周辺には父が設計した20軒の住宅があります。

私たち家族が大阪から1時間ほどの標高200mの山林の中に引っ越したのは1976年、今から40年以上も前になります。その当時、山の斜面を雛壇状に造成して平らな敷地を作り、そこに家を建てるのが当たり前の時代でしたが、父は造成はせず山の斜面に沿うように居間棟、玄関棟、子供室棟が階段でつながった住宅を設計しました。家を建てる20年程前に、父はこの敷地を一目で気に入って、桃源郷のように思い、友人と一緒に手に入れていました。引っ越した当時、近所には家が1軒しかなく、家の前の道路は砂利道でタヌキやキツネ、キジに出会うような場所でした。ここでの当初の生活について、4人の建築家共著の『家家』や『緑の棲み家』に詳しく父が書いています。

設計にあたってはまず敷地を測量し、正確な等高線と大きな樹木や石の位置を記した図面を作成します。樹木や石の位置も測るのは、それらをできる限り残すためです。その図面をもとに、それぞれ家を建てる敷地の情報を現地で読み取り、建主さんのご要望も伺ってそれらを総合し、最もふさわしいと思う建物を生み出します。

友人の家と2軒を一緒に建てることになりましたので、元からあるお隣の1軒と新しく作る2軒、そしてずっと保全される敷地に面した森林とせせらぎ、まだ家の建っていない他の敷地との関係、敷地の高低差、これらを総合的に考えながら、父は設計しました。

そうして、道路から下っていく森に包まれたほの暗い家と、道路から上がっていく日当たりも見晴らしもよい明るい家が設計されました。斜面の敷地を粘土で作り、そこにバルサ材で家の模型を作って、図面とともに持っていき、父は友人にこれから作る2軒の家について説明することになりました。父は道路から下りていく下のほうの家が気に入っていましたが、設計者なのでそれを言うことはできません。友人に一通り説明して、どちらの家が良いかを尋ねたところ、「そりゃあ、上の家が良いです」との答えが返ってきて、父はほっとしたそうです。そんなわけで、私たち家族は父の望み通り、無事森に包まれた家に住めることになりました。

回帰草庵と友人の家はとても接近して建てられてい

ますが、建築家が設計した家ですので、それぞれの部屋がうまく配置されていて、大きな窓でも干渉しあうことがありません。当時大学生の私の部屋は、お隣に一番近い位置にありましたが、床の高さと窓の位置を上手に考えてあるので、隣の家が近すぎて困るということはありませんでした。机の前の窓からは、斜面になった庭の木々が美しく見えて心地よく、住宅は建物だけでなく周囲との関係も正確に把握し、設計にそれを反映させることが大切だと学びました。

　また、父は建物だけを設計するのではなく、いつも庭や家具も一緒に全体として設計しました。また1戸1戸の建物が町並みを作りますので、自分の設計した建物が景観を壊さないよう形や高さ、外観を工夫して設計し、街路に面しても庭を設けて、そこには樹木を植え、住む人のためだけでなく、周囲の景観を美しくするよういつも考えていました。

　竣工当初、生垣はまだ低かったのですが、道路から見えるのは子供室棟のほんの上部と芝生に覆われた屋根だけでした。現在は生垣が大きくなり、家がほとんど道路から見えない状態になっています。道から下っていくアプローチの階段のみが、ここに家があることを教えてくれています。

見えないように家を作る

――人々に見える家の形はどのようにありたいと考えていますか。

「日本の風景の中での建築というのは、ヨーロッパの場合と全く違うように思うんです。私は家というのは道路から目につかない方がいいんじゃないかと思っているんです。建築そのものを風景までもっていこうとしている建築家もいるわけですが、それはそれだけの自信があってできるわけですけど、中途半端なものであれば、風景にならなくて目障りになっていく。私は建築は風景を作らなくてもいいと考えているのです。

なぜなら、家というのは、本来はそこに住むという内側の話ですから、結果として、外面ができるということなんです。もっとも、無名の人々によってつくられた集落については、別に考えなければ、と思っていますが……」

――家は基本的に道路から見えなくていいということですか?

「そうですね、事実私は、見えないように、見えないようにつくっています。……地表にへばりつくような形にしたり、土にもぐらせたりしたわけです。そこは、建築を作る以前は林だったのですが、風景を壊したことに対して責任をとって、以前の姿よりも目障りになるようなことはしたくないと……」

「見えないように『家』をつくる」：編集部との対談。

「新建築　住宅特集」1987年7月

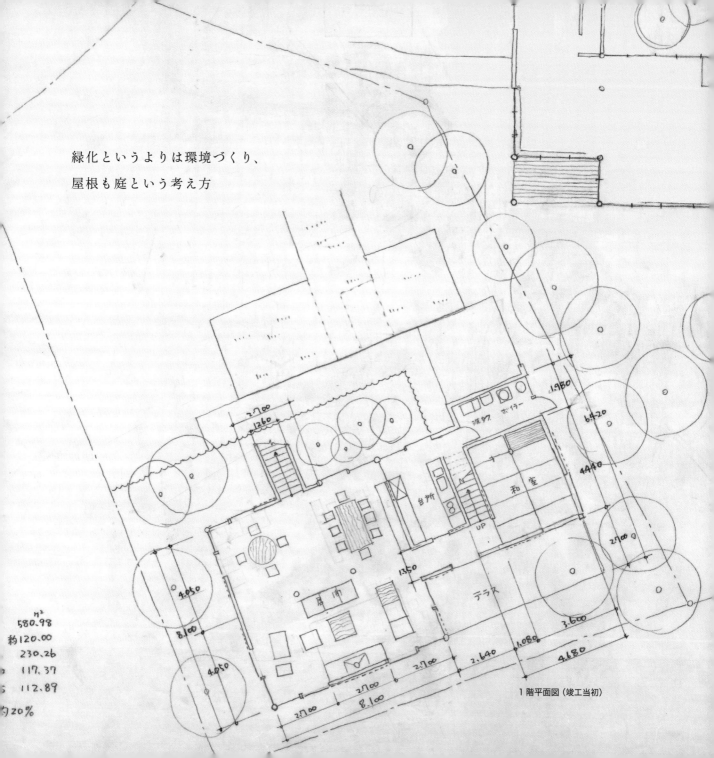

緑化というよりは環境づくり、
屋根も庭という考え方

1 階平面図（竣工当初）

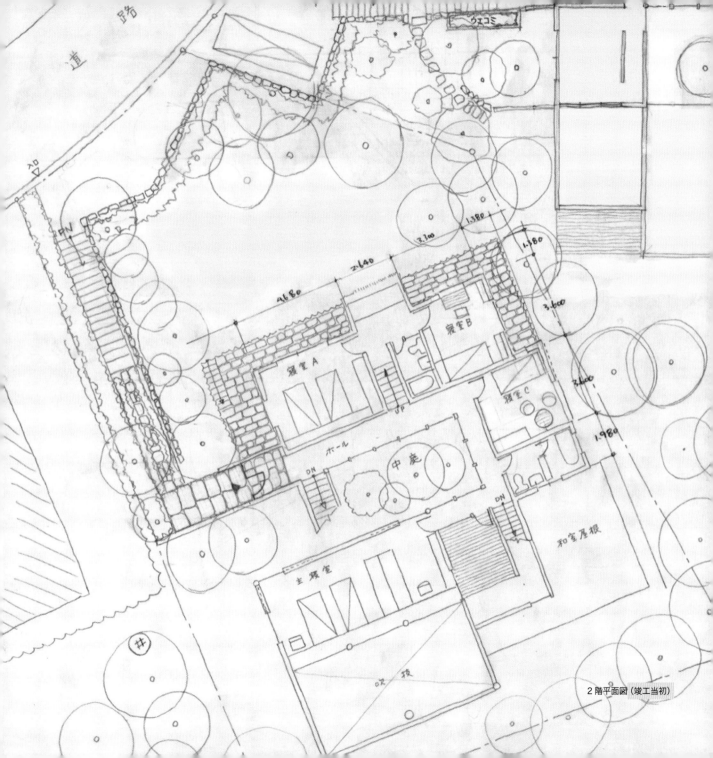

道路

入口

ウェコミ

PN

2140

9680

1380

1380

3600

3600

寝室A

寝室B

寝室C

ホール

DN

中庭

DN

1980

和室屋根

主寝室

吹抜

井

2 階平面図（竣工当初）

自然とつながる家

緑に囲まれた安息の場所は、
命が満ち溢れているから美しい。
そんなところに
暮らしの場があればと思う。

　私が建物を設計する時、父がしてきたように、可能なかぎり外部である庭も設計し、部屋と一体になるように考えてきました。

　庭と一体になる部屋を作るには、大きなガラス窓がたくさんあればよいのかというと、そう簡単ではありません。部屋の空間に対して窓が多すぎると落ち着きませんし、少なすぎると閉鎖的で苦しくなります。空間に対する壁と窓のバランスがとても大切で、それがうまく作られている時、人は居心地が良いと思うようです。

　そして、室内の仕上げも部屋の居心地にとても関係しています。室内が無垢の板や漆喰、珪藻土などの自然素材でできていればそれで良いかというと、そうとは言えなくて、たとえば天井、壁、床すべてが同じような板で作られていると、暑苦しいように感じます。

やはり、仕上げにもバランスが必要であり、それは設計した人の感性によるものだと言えます。このようなバランスの取れた設計がなされた室内空間があってこそ、その部屋は、外部である庭・自然と一体になることができると考えています。

　和歌に見られるような日本人の感性を育んだのは、四季の移り変わる日本の自然あればこそでしょうし、環境が変われば、人の感性も必然的に変わってくると思います。

　たとえば、まったく窓のない地下室にいなければならないとします。周囲は壁ばかりで天井も壁と同じようです。空を見ることができないので、昼か夜かわかりません。太陽も月も木の1本も見ることができず、窓からの心地よい風を感じることもなければ、感性は涸れていきます。美しい、心地よいと思うことがなけ

白神山地ブナの森（写真：石井修）

れば、人はロボットのようになってしまうのではないでしょうか。

　都会のビルにはそういう場所も少なくありません。もし、そういう職場で働き続けていれば、仕事の達成感はあるかもしれませんが、自然と共にあるという本来の人としての喜びは感じられませんので、せめて休日には山や海に出かけたいものです。

　たとえ1本の樹木でも窓から眺めることができれば、季節や時間や天気によって刻々と変化する樹木から自然を感じられるでしょう。自然があってこそ人間は生きていけるのだという当たり前のこと、そのことに改めて気づいていただきたいと考えています。

　「人間は自然界の一員に過ぎない」という意識があれば驕（おご）ることもないでしょう。このような意識は心を穏やかにし、自然への感謝、ひいては生きていること

への感謝の心を持たせてくれると思います。そんな風に生きていると、世界が輝いて見えます。自然に心を向けていれば、ストレスも感じなくなります。

　樹木の美しさ、風にそよぐ葉、日の光に輝く緑、その背後に見える山や空や雲、そういう物と一体になりながら毎日を喜んで暮らしていると、本当の自分に出会うことができ、この世でなすべき生き方ができる気がします。

　建築家は新しい家を生み出すのが仕事ですが、その作り出す建物には設計者の人となりが反映されてしまいます。心地よく暮らしていただく建物を作るためには、設計する私自身がいかに感謝しながら毎日を喜んで暮らしているかが重要になってきます。ですから、本来の自分を見失わないように、いつも自然とつながることを心がけています。

中庭

　玄関を入ると、中庭に面して細い廊下が奥まで延び
ています。そこから階段を下りていくと居間・食堂が
あり、玄関から廊下を少し進んで階段を上がっていく
とコンクリートの子供室棟があります。

　玄関のある2階（地面に接している）を中心に上が
ったり下りたり、家にいると何度も中庭の周りを巡る
ことになり、竹やヤマボウシを眺めながら歩きます。
お天気や季節によって空や中庭は変化し、何度見ても
見飽きることがありません。梅雨時に上から眺めるヤ
マボウシの花は清純で可愛らしく、お茶花に用いられ
るのもうなずけます。

　玄関階と居間階の段差を利用して積んだ中庭の庵治
石はいつも美しい姿で植木たちの背景となっていて、
石積みと竹はそれぞれを引き立てあい、お互いをより
一層美しく見せています。食卓やティーテーブルはこ

建築の外部空間は樹木によって完成され、
内部空間も樹木の育つ庭と一体になって
豊かな生活空間が生まれる。

の中庭に面して置かれ、食卓前の中庭は平らに、ティ
ーテーブル前は斜面の中庭になっており、斜面は可愛
らしい葉のフッキソウが地面を覆ってくれています。
　この中庭のおかげで廊下を歩くのも楽しく、居間と
食堂は約8m四方の一部屋になっていますが、居間は
森林に包まれており、食堂は石と竹が主役の中庭に面
していることによって、2つの空間は異なった雰囲気
になっています。居間から見える自然のままの森林と
食堂から見える父にデザインされた中庭、同じ外部で
も部屋から見た印象が全く異なります。
　このように同じ一部屋であっても、どのような外部
に面しているかによって、変化にとんだ空間となりま
す。朝昼夜、四季折々の庭の移り変わりが、より一層
の変化を部屋に付け加えてくれます。空気や光の移り
変わりからも四季を感じることができます。小さな庭

から雄大な自然に思いを馳せ、枯山水から水の流れを
イメージするような想像力は昔から自然を愛でてきた
日本人ならではですが、現代の私たちも大事にしたい
ものです。
　たとえ小さくても、庭やベランダに緑があれば、人
の本能で窓の外に目が行きます。一瞬目に入っただけ
だとしても、その時に自然を感じています。日中もス
クリーンで窓を覆い、外を見ない生活は、自然から切
り離された人間本来ではない生き方をしていることに
なります。庭の自然に目を向け、微妙な変化を感じ取
る感性を磨くことが、本来的な生き方に近づくことで
はないかと思います。

和泉正敏さんが香川県牟礼町（現高松市）から
運び、積んでくださった庵治石積み

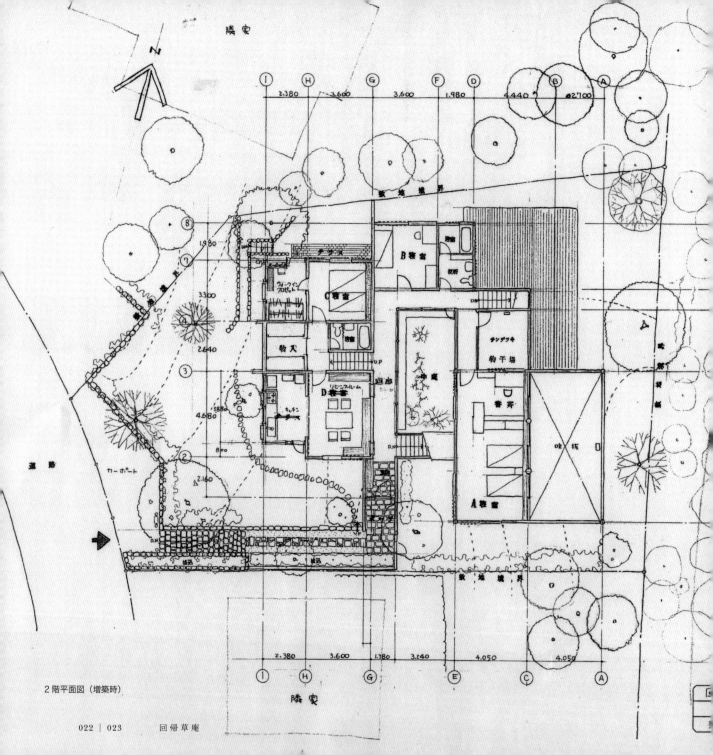

2階平面図（増築時）

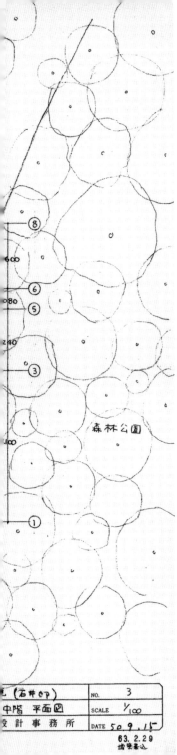

森林公園

(石井邸)

NO. 3

中階 平面図

SCALE 1/100

設計事務所

DATE 50.9.15

83.2.29
増築書込

廊下

　長い廊下は必ずしも合理的ではありません。ですが、階段があったり外に面していたりする廊下があると家の中が楽しくなります。廊下を歩いている時に木々の上にポッカリ月が見えて美しさに感動したり、真っ暗な廊下に月の光が差し込み、その明るさに驚いたりします。

　回帰草庵の廊下の片方はコンクリート打ち放しの壁に絵がかかっていて、さながらギャラリーのようでした。もう一方は下階の中庭を見下ろす格好になっていて、春にはタケノコがあっという間に大きくなり廊下の高さにまでなって驚いたものです。100歳まで生きた祖母は晩年に膝が痛くて外に出られなくなった時、この廊下を歩いて毎日リハビリをしていました。祖母の俳句には自然を詠んだものがたくさんあり、この祖母あっての父だと思います。私の生きていく上での価値観も祖母からたくさんの影響を受けています。

建築の発想法

もっと幼稚に物事を考えたり、子供っぽく考えていけば結構楽しいのに、大人になりきってしまっているんですね。建築の本も大事ですが、絵本くらい眺めて子供にかえって物事をかんがえていけばいいと思います。もちろん、子供ではないので、気持ちの中ではそういう幼稚っぽいことが、案外いいアイデアに結びついたりするわけなんです。なんでもないようなつまらない問題がいい発想につながる場合があります。その辺を教えてくれるのが、自然の風景であるとか、海であるとか、山であるとか、雪山であるとか、そんなことの中にいっぱいあるわけなんです。

「見えないように『家』をつくる」：編集部との対談。「新建築　住宅特集」1987年7月

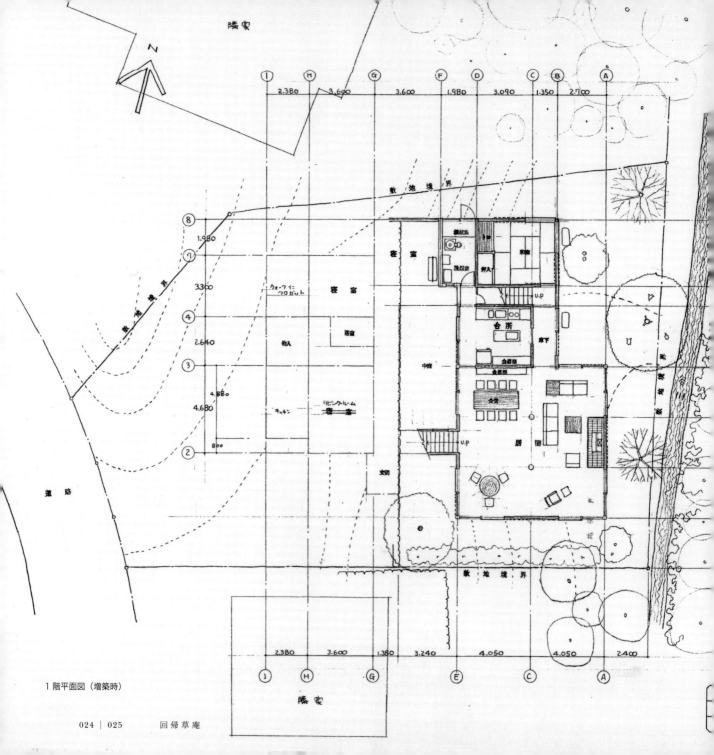

隣家

N

Ⓘ 2.380 Ⓗ 3.600 Ⓖ 3.600 Ⓕ 1.980 Ⓓ 3.090 Ⓒ 1.350 Ⓑ 2.700 Ⓐ

敷地境界

⑧
1.980
⑦
3.300
④
2.640
③
4.880
4.680
②
800

敷地境界

ウォークイン
クロゼット

寝室

寝室

納戸

納入

キッチン

リビングルーム
寝室

寝室

洗面室

和室

押入

U.P

台所
食器棚
食器棚

中庭

居間

玄関

U.P

敷地境界

敷地境界

敷地境界

道路

隣家

Ⓙ 2.380 Ⓗ 3.600 Ⓖ 1.380 Ⓔ 3.240 4.050 Ⓒ 4.050 Ⓐ 2.400

1階平面図（増築時）

人工の大地

石井修が、屋根を庭にした家を作ったのは、1967年に設計した住宅が最初です。この時は1階の屋根が玄関先のとても小さな庭になっていました。1974年に竣工した「天と地の家」が、屋上がすべて庭となった最初の家であり、そこに樹木と芝が植えられました。

建物自体は1層ですが、台所、食堂、茶の間、客間棟は片流れの屋根の上階にあり、玄関、居間、寝室、水回りは片流れと平らな屋根の下階にあります。上階の芝生の屋根は、近隣からの視界をよくするためのオープンスペース、下階の屋根は、端に樹木が植えられた上階のための芝生の庭です。建物周囲の地面にも樹木を植え、外壁がツタで覆われるようになっています。

「この住宅が、古代の竪穴式住居を回帰点として、土や緑の自然を身近において暮らせる住宅となった時、現代人である私たちの生活にない、何ものかをもたらしてくれることができるのではないだろうか。」（「新建築」1975年2月号）と父は述べています。

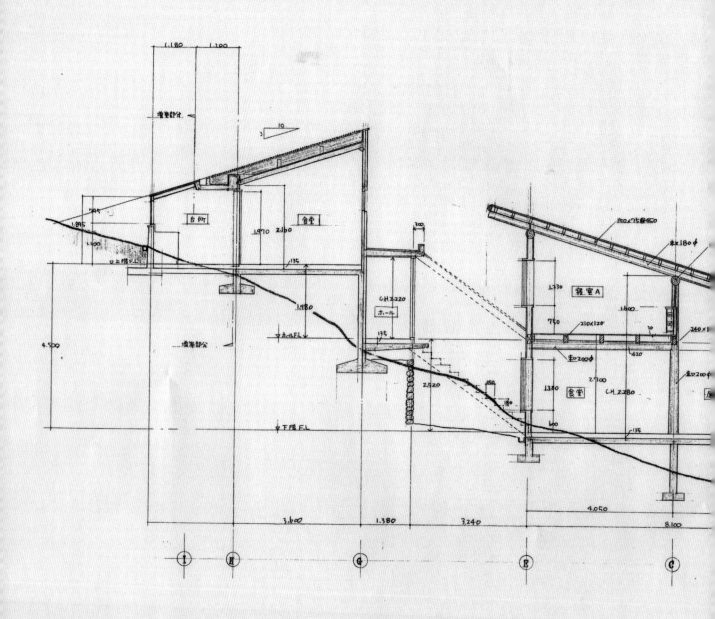

断面図

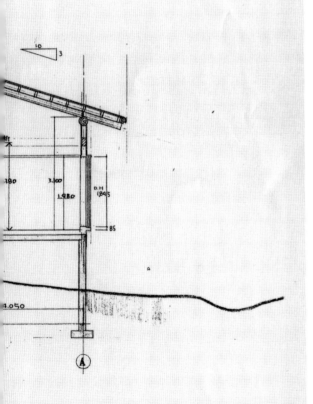

この時から、父のプランはより一層自由になり、部屋と地面の庭、部屋と屋上の庭が自在に組み合わさって、内部の居間や食堂、個室などと外部の庭とのつながりがとても気持ちの良い空間を生み出しました。

近年、屋上緑化ということが盛んに言われるようになりましたが、石井修は緑化による効用というような理論だけを考えていたのではありません。それよりも、地面ではないところに大地をつくり、そこに植えられた樹木にすべての部屋が包まれていることにより、現代人が失ってしまった「住まう」ということの原点を取り戻そうとしたのだと思います。

人工の大地は植物を慈しみ、育て、四季折々の季節の変化を感じる自然の庭となって、部屋と一体になります。庭も部屋の一部となり、身近な土や緑が、そこに暮らす人の心を和ませ、感性豊かな暮らしを与えてくれます。

廊下から玄関を望む。絵が掛けられた壁の向か
いは中庭になっている。玄関の横に居間に下り
る階段がある

建築の外部空間には、
融合できる自然があってこそ、
はじめて人間が住むに
ふさわしい『住まい』になると思う。

奥の階段室の窓は公有林に向かって開けら
れている

木製の窓

　回帰草庵では、すべて建具屋さん手づくりの木製の窓になっています。

　木の窓は目に優しく、手づくりだと戸が残らずに開口すべてを開けることができて気持ち良く、公有林は雑木林で常緑樹も結構ありますので、家は年中緑に包まれています。

　うっそうとした緑もよいですが、冬の景色も格別です。葉を落とした落葉樹はその美しい樹形を見せてくれます。山の斜面は落ち葉で覆われ、やさしい太陽の光が凛とした空気をより透明にしてくれます。木々たちは光を受けて、とても喜んでいるように思え、それを見ているとこちらもうれしくなってきます。

　居間はいつもほの暗く、春には外の鮮やかな緑が室内の暗さで引き立ち、余計に美しく見えます。山には六甲山系特有のコバノミツバツツジが自生していて、花が咲くと外一面ピンク色に染まり、そのピンクが光で反射して家の中まで入ってきます。それは華やかで「春、春」と謳歌したくなる光景でした。今は森林が成長してツツジへの日当たりが悪くなり、ほとんど無くなってしまったので、懐かしい思い出です。

　窓枠、敷居と鴨居は大工さんの仕事です。大工さんと建具屋さんの息がぴったり合った時に、気持ちの良い窓が出来上がります。手づくりの窓は、1か所ずつ窓および窓枠の断面図と平面図を描きます。それから、すべての窓の大きさ、仕様やデザインなどを決めて建具の図面を描き、たとえば、鍵などどんな金物を使うかもその図面に書き込んで、それを元に職人さんが現場を採寸して一つずつ作ります。

　目神山の家は今年で築43年になりますが、その頃はまだたくさんの腕の良い職人さんたちがいて、建具を上手に作ってくださっていたので、今でもしっかりしています。当時は今ほどアルミサッシが普及してい

なくて、一般的に木製窓も使われていました。

　現在は手づくりの木製窓の建物を設計する人がとても少なくなったので、豊富な種類があった窓金物（窓を作る時に使うクレセントや丁番など）は、窓を作るのに困るほど減ってしまいました。特にがっしりした物が極端に少なくなっています。同じ種類の金物でいろいろ選べたデザインも減りました。隙間風や防音といった面だけを見れば、隙間風を防ぐ部品などをつけても木製窓はアルミサッシに劣ります。でも、その欠点を上回る木製窓のある空間の心地よさや美しさがあると思うのですが、残念ながらそう思う人は少ないようです。

　既製品の窓を選ぶということは、窓が先にあって部屋に当てはめることになりますが、設計して窓を作るとその部屋の空間を一番よくする窓にすることができます。アルミサッシも設計して作ることはできます

が、アルミと木の質感の違いが、心地よいかそうでないかを分けることになります。たとえばお軸の表装が伝統的な裂地や紙であるのと、それがビニールであるのとの違いのようなものです。私の場合はやはり木の質感の方が好きですので、木の窓だと心地よいのだと思います。

　そんなわけで、木製の窓はそれぞれの部屋にピッタリ似合い、またその部屋の質を高めることに役立ち、外の緑がきれいに見えて心地よく、木製というものが持つ優しさを感じることができて心がなごみます。部屋を形作るすべてのものが調和した時、心豊かに過ごすことができ、木製の窓はその中で重要な役目を果たしています。

床暖房

　父は1970年竣工の建物から床暖房を使用していました。吉村順三先生が早くからセントラルヒーティングで床暖房をなさっていましたので、その影響ではないかと思っています。父の工業学校時代の同級生が吉村先生の事務所に勤めていた関係で、吉村先生の関西の作品の現場監理を父がさせていただいたこともありました。父は吉村順三先生をとても尊敬していました。

　父の設計は、後年になるほどますますその傾向が強まるのですが、居間・食堂が大きな部屋で天井も高く、部屋を仕切るのが好きではありませんでしたので、廊下や階段室と部屋の境に仕切りがありません。

回帰草庵も居間・食堂にはドアがなく、廊下や階段を経て2階と3階につながっていました。このようなプランでは、エアコンのような空気を温める暖房では部屋は暖かくなりませんので、足元が温かく輻射熱を利用した床暖房が最適です。

　その家の間取りに合わせて、コンクリートの床の上に職人さんが手仕事でお湯が流れる銅管を並べてくださり、それをモルタルで埋めています。大きな給湯器で沸かしたお湯に圧力をかけて銅管の中に流します。するとお湯は管を通って、家じゅうを巡ります。銅管はすべての部屋や廊下の床仕上げ下に敷かれており、銅管を通るお湯が周りのモルタル層を温めると、その

モルタル層に蓄えられた熱は壁や天井など室内のいたるところに伝わります。そのようにして床暖房は部屋を暖めます。

床暖房は、部屋を暖めても、頭がのぼせるような室温になりにくいので、寒い季節でも動きが鈍くならず快適に過ごせました。回帰草庵ができた当時は灯油価格がとても安く、給湯器は熱源が灯油でしたので非常にローコストな暖房でした。

風土を住みこなす

高気密・高断熱の省エネ対策によって、あたかも快適で健康な建築に近づくように考えられがちのように思う。これらは、自然の営みに逆行しているように思え、疑問を抱かずにはいられない。高気密・高断熱といっても窓を開ければただの家でしかない。

戸外の自然と交流できる恵まれた風土を持つわが国で暮らす私たちの住居にとって、何が一番大切なことなのか、考え直してみる必要があると思う。

『緑の棲み家』学芸出版社、2000年

丸太と仕口

　父は丸太が大好きでしたので、たくさんの家に丸太を使っています。回帰草庵にもやはり丸太があちこちに使ってあり、2階を支える2本の杉丸太が一番の主役です。

　福井の山で杉の木を選んだ時、市場に流通している丸太では切り落としてしまう根株をわざわざつけたままで切ってもらうよう父がお願いしました。そのおかげで、杉丸太の柱はまるで大地から生えたかのように立っています。

　古民家と呼ばれる昔の建て方の家では、家を形作る柱や梁などの材料の接合部は、大工さんの手で細かい仕事がなされ、それぞれの材料がぴったり合うように作られています。私たちが外から見ただけではわかりませんが、仕口といって、場所によって使い分けられる刻み方がなされています。角材と角材の場合だと比較的仕事をしやすいのですが、丸太を刻んでそれぞれをぴったり合わせるとなると、腕の良い大工さんにしかできない仕事です。回帰草庵では、そういう丸太と

丸太の接合部もきれいな仕事がなされています。

　プレカットと言って機械が材木を刻むことが普及してから、大工さんの手で材木を刻むことを選択する人がめっきり少なくなりました。比較的やりやすい角材同士の接合であっても、きれいに合わせることができる大工さんは、探し回らなければならないほどに減ってしまいました。

　回帰草庵ができた頃は、今ならば棟梁になれるくらいの名人レベルの大工さんがたくさんいました。そうした方々の仕事は、すべてが美しくできており、さすがに長年経っても建物に狂いがありません。熟練した大工さんでなければわからない材木の向き、使う木の癖をしっかり把握し、とても上手に刻んでくださったお蔭だと思っています。このようなことは、人だからこそできる技であり、機械にできることではありません。

　私の仕事で、少しでも予算を節約しなければならないため、やむを得ずプレカットにしたことがありま

す。その時、難しい部分は機械でできず、そこだけ大工さんに手刻みをしてもらいました。このような大工さんの技術は少なくとも1400年の歴史があり、時代を経て改良され現代まで受け継がれてきたものです。歴史のある建物が素晴らしい建て方であることは、その歴史自体が証明しているのですが、住宅から大工さんの技が消えていくのは残念なことです。

　現在では、伝統的な建て方を特に選択しない限り、ほとんどの構造材の接合部に金物を使うことが要求されます。金物には何か所もビスを打たなければなりません。

　つまり、柱などの構造材は金物のところがビス穴だらけになります。昔の建て方は、現代のような金物を使いませんでしたので、家を改造するとなると、人の手で接合部をほどき、柱や梁などの部材にしてしまって、傷んだところを取り換えたり、間取りを変更したりして、元の部材を使って作り直すことができました。

　今でも国宝や重要文化財の修理には、全解体修理工事と言って、すべてをもとの部材に解体し、傷んだ部材を取り換えて、また同じように建て直すということが行われています。近年、全解体修理が行われた奈良時代に建てられた薬師寺の東塔には、当初の部材が残っていたことが確認されています。文化財においては、そういうことが行われていますので、日本古来の匠の技が継承され、社寺にかかわる工務店には、今でも匠がいらっしゃいます。ただ、そのような方々には、普通の住宅の建設はなかなかお願いできないというのが現状です。

　金物を使う現在の建て方ですとプレカットでもできますが、金物を使わない伝統的な建て方で建てようと思うと、腕の良い大工さんは欠かせません。そういう方たちがいなくなってしまわないためにも、少しでも多くの方が手づくりの家に関心を持っていただきたいと思っています。

ワンルームの居間・食堂は、2本の杉丸太があることによって引き締まった空間になっている

家族やお客様との団らんは、テーブルを囲んで

テーブル

　家族団らんには、手料理とお気に入りのテーブルが欠かせません。

　回帰草庵のテーブルは8人が座れる大きさですが、椅子を他から持ってくると10人でも可能です。家族は当初5人で夫婦と子供と祖母。若い頃には繁華街でよく飲み歩いていた父も竣工時54歳でしたので、その回数は減り夕食時には色々な話を聞かせてくれました。

　仕事の話も多く、そこから様々なことを学びました。良いものを作るために手間暇惜しまずとことんするということ、霞を食べて生きてもよいので、やるべきことは必ずするという仕事の姿勢は、私の体にしみこんでいる気がします。父の話を聞きながら、家族がそれに対してあれこれと口をはさみ、食事は終わっているのに、その後もいつも長い間話していたという思い出があります。

母は専業主婦で料理好きでしたので、食べ物はすべて手づくりでした。いつもご馳走をいただいていたわけではありませんが、どんなお料理も手間をかけて作ってくれました。母はいつも台所にいたという記憶があります。丁寧に作ったお料理はいつもおいしく、食事はほとんど手づくりという私の姿勢は、母から受け継いだものです。

　家を建てるための材木を母の親戚の福井の山から切り出したのですが、ちょうどその時、福井に取り壊される民家があり、その材木を譲ってもらって家具を作りました。それはケヤキ材で木目のきれいな堅木です。

　父はテーブルとソファ、食卓の椅子をデザインして家具屋さんに作ってもらいました。建物の部材なので、そんなに幅は大きくなく、テーブルは5枚の板を接いでいますが、職人さんの仕事は丁寧で、分厚いケヤキはきれいなテーブルに仕上がりました。何百年も建物を支えてきた材木が、今度は家具として生まれ変わったのです。建築基準法のない昔の家は金物を使わないで作られており、柱と梁の接合部なども手で刻んだものを組み合わせて作られていましたので、手ではどくことができて、またその材料を使うことができるのです。日本には、そうやって使える限り古材を使い、物を大切にする建築文化がありました。

　それぞれの住宅に合わせて、作り付けの家具をデザインしますが、父が椅子をデザインしたことは少なく、既製品の椅子にデザインしたテーブルを組み合わせることが多いです。食卓はどっしりしたものが好きでしたので、既製品にあまりなく、作っていました。それぞれの部屋には収納家具が作りつけられ、いつも片付いている部屋になるように考えていたようです。

自宅に招くお客様

　父はお客様を招くのが好きでしたので、小さい頃から父の友人など様々な人が、家に来られましたし、父の仕事柄、よそのお家を家族で訪問することもありました。子供にとってお客様は社会のことを知る窓となる意味で非常に重要です。

　近頃はどんな場合にもお店を使って、家に人を招くことが減っているようですが、お料理の内容より会話がご馳走と割り切って、家族の使う居間や食堂に招けばよいのではないでしょうか。

　両親とお客様の会話から、両親の社会での立ち位置や力関係、家庭によって異なる考え方を子供は知り、その成長の糧となります。あるいは、お客として招かれることによって、招いてくださった方々の心遣い、招かれたお家の暮らし方などを知ることができ、こちらも先方へ心遣いをして視野が広がります。このよう

に、昔は家に招いたり招かれたりすることによって、お店で接待した場合には見ることができない場面に出会い、小さいうちから社会で生きていくのに大切なことを自然に身につけられたように思います。

　若い頃に、関東のマンションに5年間住んだことがありました。そこはおしゃれな空間ではなくて、とても小さなダイニングキッチンしかありませんでしたが、色々な国のお客様を手料理でもてなしました。決してお料理は上手ではありませんが、すべて心を込めて作りました。皆様喜んでくださり、様々な話題で盛り上がり、いつまでたっても席を立たれなかったという思い出があります。幼稚園児と小学生だった子供たちは静かに大人たちの会話に耳を傾け、彼らなりに楽しんでいたそうです。

植物＝自然＞人でいると
本来の自分が見えてくる。

暖炉の炎は、いつまで見つめていても飽きるこ
とがない

暖炉

父が設計した暖炉の中でも最も大きいもの

　回帰草庵のリビングダイニングには、とても大きな暖炉がありました。冬には食事が終わると父が暖炉に新聞紙を丸めて入れ、細かい枝をその上に載せて自分で割った薪を形よく積み上げます。暖炉で使いやすい軸の長いマッチで新聞紙に火をつけると新聞紙が勢い良く燃えて小枝に火が付き、しばらくすると薪が燃え出してその熱が周囲に放散され、床暖房で暖められた部屋をより一層暖かくしてくれます。暖炉を囲んでみんなで座り、火を見つめながら時を過ごすのですが、火はいくら眺めていても飽きることがなく、時がたつ

煙突からは何とも懐かしい薪の燃える匂いが漂う

　のも忘れて父の話に耳を傾けていたものです。
　　この暖炉は父が設計して、設計事務所設立以前から
お付き合いしている鉄工所の職人さんが作ってくださ
ったものです。その鉄工所との最初の仕事の建物であ
る「ギャラリー再会」は、竣工して70年近くたち、
現在は国の登録有形文化財になっています。職人さん
の手仕事によるカーブを描いた鉄の階段は、当時作る
のがとても難しかったそうです。
　　階段手すりには曲線の飾りが付き、客席の漆喰壁に
は細い鉄の曲線に鉄板から切り抜いた飾りが付けてあ
り、とてもきれいです。交点はすべて溶接して、それ
とわからないよう滑らかに仕上げてあります。それを
見るとよくここまで細かい仕事をしてくださったと感
心します。作るのにどれほどの労力、時間がかかった
でしょう。機械と異なり、人の手仕事が作り出す物
は、作る喜び、作っているものを愛おしむ心が込めら
れ、それらが見る人や使う人の心に響くように思いま
す。人が手仕事で作ったものは長い年月を経てもすば
らしく、古くなっても価値は変わらないと感じます。

好奇心を失っちゃ
だめだよ

家の前の公有林にはせせらぎがあります。娘が
小さい時には今よりもっと水量が多くて、父が
よく「蟹を探しに行こう」と言って娘を連れ出
してくれました。

甲 陽 園 の 家

断面図。丸い屋根の下、吹き抜けを通じて各部
屋は一つにつながる

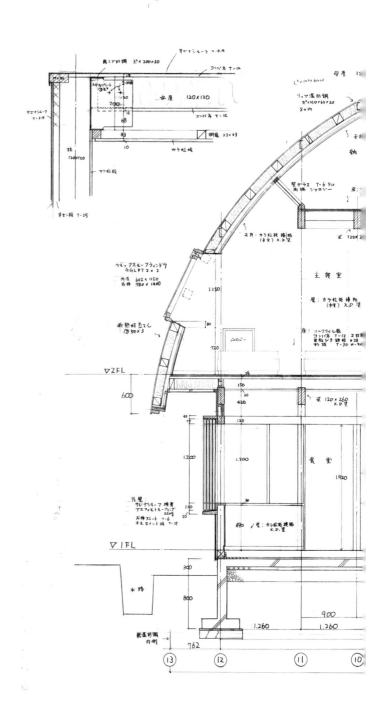

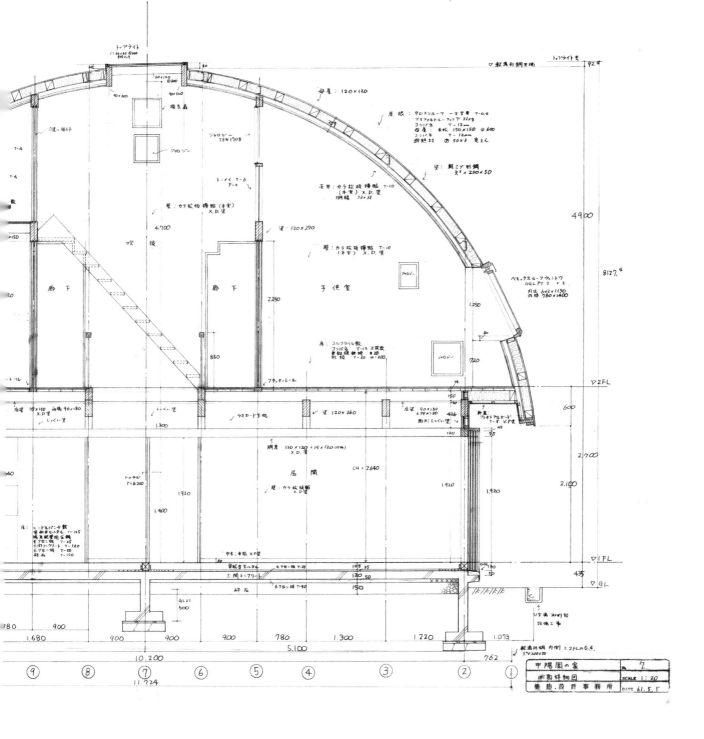

甲陽園の家

断面詳細図

美建.設計事務所

No. 7

SCALE 1:20

DATE 61.5.5

竣工当初窓の高さだった植木たちは、家より遙
かに大きくなった

テーブルが主役の空間。この窓からは竹林が見
えた。近年パソコンコーナーになっている

ほの暗い部屋にいるととても落ち着き、
くつろぐにはぴったりです。
そんな中で手元だけを照らして本を読んだり、
バッハを聴いていたりすると
時がたつのも忘れて
そこに浸ってしまいます。

吹き抜けから下を望む。上と下で言葉を交わす
こともある

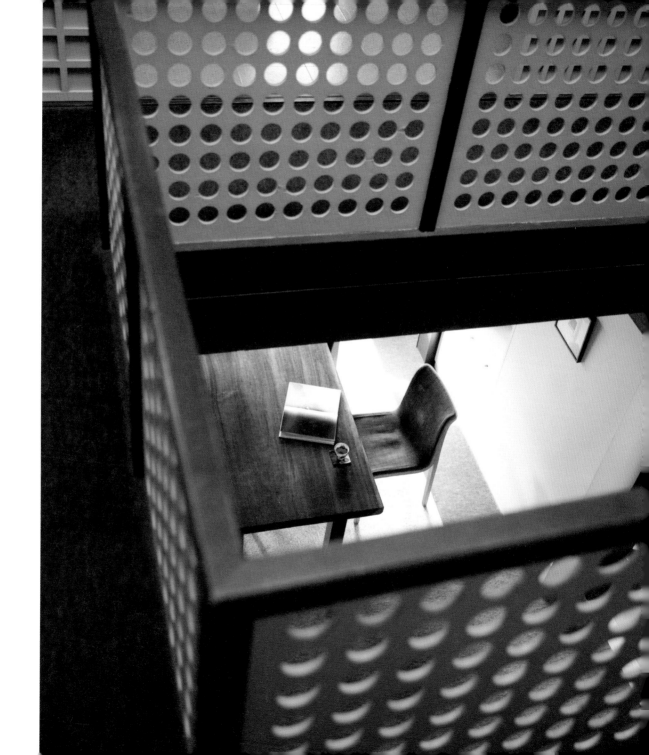

身近に緑があるといいなあ、という気持ち、
そういう気持ちからスタートしないと
嘘だと思う。

大きく生長した木々に覆われて、向かいのマン
ションや道から外観が見えにくい

トータルなデザイン

父・石井修にならい、私の場合もできる限り建物だけでなく、敷地内すべてを設計させていただいています。道路からどのようなアプローチを経て家にいたるのか、室内から見える外部にはどのような樹木や低木、下草を植えるのかを考えます。建物だけを作っても、外部である庭と一体になった部屋でなければ、居心地の良い部屋にならないと考えているからです。

空や土といったものも大切ですが、やはり家にとっては植物が一番自然を感じさせてくれるものであり、人の心を癒してくれるものだと思っています。ですから、小さくてもよいので、庭を作ります。都心では敷地の制約で思った通りの庭が作れないこともあります。その時の住宅は隣の公園の緑を借景にしました。

また、室内の家具や備品もとても大切です。それぞれの空間に似合う家具を設計して作り付けにしたり、テーブルをデザインしたり、椅子を選定したりしています。作り付けの家具は、そこに住まわれる方の部屋の使い方を詳細に伺い、そこに置くものに合わせて図面を描きます。すると色々なものがすっきり収まり、

またそれらの物も使いやすくなります。

テーブルは合板の既製品よりも無垢の板で作ることをお勧めしています。幅の狭い無垢の板を4、5枚接いで作るのであれば、既製品の合板のテーブルと同じくらいの価格にできます。無垢の板は、傷がついてもそれが味となって長年使うことができ、家族の歴史を刻み込んだテーブルのほうが素敵だと考えているからです。

3年前、天理市「山ノ辺の道」の中ほどにある休憩施設「天理市トレイルセンター」の改修プロジェクトがありました。私は、展示コーナーやレストランのための家具や備品の設計のお仕事を受けました。単に家具を設計するだけでなく、同じ奈良県（桜井市）出身で、日本文化の神髄をとらえた文芸評論家である保田與重郎（『萬葉集名歌選釋』『山ノ辺の道』『日本の橋』などの著作で知られる）を紹介するコーナーを設けるよう提案し、採用いただきました。

周辺の柳本古墳群など史跡の展示などと併せて、それらを私が設計した家具に陳列して、室内全体のデザ

インの調和を図っています。無料休憩コーナーには、厚さ5cmの無垢の一枚板の大きなテーブルや8角形のソファを2台ずつ作り、トレイルセンターの空間をそれら家具の重厚感で引きたてました。手づくりの家具を置くことによって、空間は別物に生まれ変わったように思います。家具の存在は室内にとってそれほど大切なものなのです。

　照明器具も同じように重要です。器具のデザインや光の質が、部屋に影響を与えるからです。部屋を形作るすべてのものが自然と調和した時、居心地の良い空間になるように思います。

「見えない家」はしがきにかえて

厳密にいえば、地下に潜る以外、家は見える。しかし、地形や自然（敷地）の表情になぞらえて家を建て、建築を自然の縮景とすることで建築は解体され、住まいは自然の中に入り込み、風景の一部となり、外観はなくなる。

＊

大切なのは、その住まいが外の自然とどのように関わるかということである。窓際に植えられた1本の樹、室内に続く芝生、壁や屋根に絡まるノウゼンカズラ、窓辺にくる小鳥たち、暗闇を彩る蛍の光跡、天窓に瞬く星、枯木に舞い落ちるさざれ雪。美しい場所は私たちの心をつなぎとめて離さない。私たちの住む街が、そんな美しい場所になるためにも、家は見えない方がよいのではないだろうか。見えない家の中から眺める森や林も、あるいは姿を変えた住まいかもしれない。

『緑の棲み家』学芸出版社、2000年

甲陽園の家

　私が父の事務所に入所して7年たった時、私の家族の自宅を設計することになりました。

　当時購入した敷地は2mほどの路地に面しており、お向かいは数千坪のお屋敷でした。路地のため車が家の前を通らないこと、お屋敷の樹木がとてもきれいだったこと、駅にとても近いことがこの土地を気に入った理由です。

　敷地を測量し、地質調査を行って設計に取りかかりました。私は1階を個室にして2階を居間食堂にし、屋上庭園を作りたかったのですが、ラフプランを作ったところで父の猛反対に合いました。父の言い分は「お向かいは駅から近い大きな敷地なので、将来きっとマンションになる。だからマンションができて見下ろされても大丈夫なように計画しなければならない」というものでした。

　自分の家なので、自分で設計できると喜んでいたのですが、父監修の下で設計することになったのです。

　そんなわけで、1階が樹木で隠れる大きな開口部の居間食堂、2階は窓の小さな個室というプランになりました。34坪という小さな敷地ですが、近隣商業地域という建蔽率（けんぺいりつ）が大きい地域のため、2階建て40坪の家になっています。父は床面積の目安を一人最低10坪としておりましたので、4人家族の予定で計画しました。

　お屋敷の周りは、2軒で1戸の長屋が取り囲んでおり、購入した敷地もそのうちの1軒でした。隣の家がある方の壁には窓を設けることができないということと、間口の狭い奥行の長い敷地のため部屋の奥行が長くなって、かなり暗い家になるため、居間食堂の真ん中にトップライトを設けています。そのおかげで、空の様子をいつも眺めることができます。青空や雲はもちろんきれいですが、雪が降った時、空から次々と落ちてくる雪を下から見上げるのも素敵です。

　2階は吹抜け周りを廊下が取り囲んでおり、それに

面した部屋は引戸にして独立性の弱い個室としました。ドアがあるのはお便所とお風呂だけで、家全体が一部屋のような人間関係が密な家を作りました。昔の日本の家は襖（ふすま）で仕切られているだけで、西欧のように壁に囲まれた個室がそれぞれにあったわけではありません。自然とつながりながら暮らしてきた民族と、自然と相対する建物を作って暮らしてきた民族とは、個に対する考え方が違うと当時考えていました。

　子育てをするには子供に個室を与えるより、独立性が低く他の部屋の音も聞こえる領域の方が良いと思いました。子供部屋の戸を閉めると他からは見えませんが、戸を開けると狭い部屋の中にいても他の空間とつながり、開放感があります。そのおかげで子供たちは人間好きになり、自宅には確固たるプライバシーがありませんので、大学生になると下宿することにして二人ともさっさと親離れしていきました。家族の絆は今も強いですが、それぞれ遠く離れて暮らしています。

青年期までを密に過ごしたのが、人格形成に役立ったと思います。

　子供たちが独立し、築28年がたった時、お向かいのお屋敷が売りに出されて7階建て100戸のマンションが出来上がりました。美しい新緑、満開のツツジや桜、紅葉そして鶯（うぐいす）の声など、今まで私たちを楽しませてくれていた広大な庭は無くなってしまいました。家の裏にあった竹藪や土手の桜も無くなって、大型スーパーマーケットができ、自宅を取り巻く環境は一変しました。駅前であることの運命でしょうか。年月を経て父の予言は見事に的中し、その助言のおかげでマンションから部屋の中はほとんど見えません。とはいえ、家族全員がここで暮らしていた最盛期にはこの環境でなかったのがせめてもの救いです。

かつらぎ町の家

敷地に元からあった桜。これを残すよう計画した

左──ワンルームの居間・食堂・台所。右手の
和室に通じる廊下は庭に面している
右上──撮影当時99歳と95歳のご夫婦
右下──離れの和室も棟梁のお蔭できれいな仕
事がなされている

石の置かれた庭には季節の花が咲き乱れる

長寿命の家

設計依頼を考えていらっしゃる方から、必ず聞かれることの一つが家の「坪単価」です。ただ、これから建てる家を何年もたせたいのか、そして材料は無垢材を使って手仕事で作るのか、それとも木材はプレカットにして合板を使って作るのかなど、どういう家を望んでいるかによって予算は大きく変わります。

それ以外にも、家を建てる敷地の地盤が良いのかどうか、建物を通常より燃えにくい耐火建築物や準耐火建築物にしなければいけないのかどうかなどによっても予算は異なります。

これらのことをすべて考え合わせて、どのくらいの質の家を作るのかを決めなければなりません。そして質は家の寿命に反映してきますし、新築後の修理の費用にも影響します。最初にきっちりと質の高い家を作

っておけば、長い年月住み続けることができて修理も少なく、もし手放すことになっても土地代に建物代金をプラスして売ることができます。

たとえば、坪単価140万円で25坪の家を作ったとします。3500万円です。しかし、この家が大きな修理の必要がなく、60年もつとしたら、その間の修理費を300万円として、3800万円÷60年＝約63万円、これが1年間の費用です。

不動産屋さんが作る建売住宅は坪単価が45万円程だそうですが、1125万円でできた家を2000万円くらいで買いますので、20年間修理費用がかからなかったとしても、2000万円÷20年＝100万円、となり1年間の費用としては高くなります。

そんなわけで、最初の価格だけで家の価格が高いの

か安いのかはわかりません。一見高いように思っても、その家は居心地が良く、長い年月修理費が少なくて住み続けることができるのであれば、実際には上記のように年間にかかる費用は少ないのです。

　長寿命にするために、すべてを最高の材料と最高の仕様で作れば、間違いなく質の高いものができますが、重要文化財級のお寺や神社の工事でわかるように、費用は住宅坪単価の何倍にもなります。さすがに、住宅ではそこまでお金をかけられないのが実情です。結局のところ、後から修理が可能な箇所は質素にし、修理をするとなると大変な構造体にはお金をかけてきっちり作っておくということになります。

　木造や鉄骨造であっても、基礎はコンクリートで作ります。水が少なくて砕石が多い、硬いコンクリート

をたくさんの人が丹念に時間をかけて打設します。そして、養生も長い期間きっちりとします。すると、黒っぽくて表面にガラス質のある頑丈なコンクリートになります。一概にコンクリートと言っても、その作り方とコンクリート材料の配合によって、まるで別物のような仕上がりとなります。

　昔はこのように水の少ないコンクリートをたくさんの人数で丁寧に打設していたそうですが、人件費が高くなって一般的には水分が多くて流れるようなコンクリートに変わりました。質の高いコンクリートを打つには人手が必要ですので、普通より割高になります。しかし質の良い手間をかけたコンクリートは長持ちし、耐久性を考えるとずっとお得だということになります。

かつらぎ町の家

当時のスタッフのお母様の紹介で設計のご依頼をいただきました。若ご夫婦からご両親のための家の設計をお願いします、とご連絡をいただいたのはそのご両親が94歳と90歳でいらっしゃった時でした。早速お伺いしてお目にかかりましたところ、そのようなお歳に思えない、とてもお元気な楽しい方々でした。

若ご夫婦の自宅の隣に敷地があり、別の場所に住まわれていたご両親に、スープの冷めない距離にお住まいいただこうということでした。敷地は十分な広さがありましたが、お掃除など日々のことを考えると広すぎる家は逆に不便になってしまいます。父の提唱する1人当たりの目安である10坪の広さを二人分ということで、約20坪ほどの広さの家を提案しました。

庭の緑がいつも身近に感じられるよう、平屋建てとして庭を囲むように部屋を配置しました。家にいることが多くても、たまには気分を変えることができるように、渡り廊下の先に離れとして和室を設けました。この部屋は炉を切ってあり、お茶室としても使うことができます。現在おばあ様のお琴の練習部屋や客室として使っていらっしゃるようです。

すべての部屋を一棟にせず棟を別にして渡り廊下を設けることによって、家の中にいても変化を感じて楽しむことができます。そして、渡り廊下はおじい様が撮影された写真のギャラリーにもなっています。

若ご夫婦と打ち合わせながら設計を進めましたが、ほとんどを私に任せてくださいました。ご両親に伺うと介護ベッドは要らない、浴室は普通で良いというお返事で、驚きながらも好ましく思えました。浴室は昼間にお使いになりますので、庭を設けて湯船につかりながら緑が見えるようにしました。寝室には引戸を設けて開けると台所、居間食堂と一部屋になるように計画しています。寝室ではベッドに寝た時、お庭を見ることができますので、美しい木々が見えて四季の移り変わりを感じることもできます。

とても仲の良いご夫婦でいらっしゃいますので、対面キッチンにしました。食堂には4人掛けの椅子とテーブルがありますが、食堂から庭を眺められるように、お二人はいつも庭を向いて並んでお座りになっているそうです。ここのお庭はご自身が造園家でもある植木屋さんに植栽をお願いしました。植栽時には造園

建築のデザインは私たちが
暮らす生活する楽しみを
見つけ出せるものを作ること。

家の武部正俊さんと意見がくい違い議論になりました
が、今となっては、それも楽しい思い出です。石を上
手に使いながら草花もたくさん植えられて、そのおか
げで優しい感じのお庭になり、お花はおじい様のご趣
味である写真撮影にも役立っています。

　建て方は真壁造と言って、構造を形作る柱や梁など
が見える作りになっています。すべてを隠す大壁造と
違って、構造材が見えますので、柱や梁などをカンナ
がけしなければならず、あちこちに手間がかかってい
ます。柱や梁の組み方は伝統的に行われている大工さ
ん手刻みの仕口を用い、とても長い棟はやはり伝統的
な継ぎ方をしてもらっています。

　大きな長い棟は、棟梁の先代から大事にして置いて
あったヒノキを使ってくださいました。十数年ほど前
まで住宅を作る工務店では、良い材木を見つけた時に
買い、倉庫で長年寝かせてよく乾燥させて、狂いが少
なくなった部材を使うということが普通に行われてい
ました。しかし、近年ではほとんどがプレカットにな
りました。材木を見ることができる棟梁が激減してか
らは工務店でストックをせず、そのたびごとに材木店

や商社から買うということが行われるようになり、木
造住宅の質が変わったように思います。

　和歌山で伝統的な工法によって家を建てている棟梁
を紹介いただけたので、このような仕事をしてもらう
ことができました。最近は住宅を作るたびに毎回棟梁
を探し回っています。今回も和歌山県内で見つけるこ
とができたのは、幸運でした。何もかも優秀な方々が
集まって下さったおかげで、滞りなく工事が進みまし
た。

　本書の写真撮影の時、お二人は99歳と95歳になら
れましたが、とてもお元気で撮影の間おばあ様は歩き
ながら鼻歌を歌っておられたのが印象的でした。

　お掃除は、昔から行われている雑巾がけで板の間を
きれいにしていらっしゃるようです。しゃがんで、筋
肉を鍛えていること、ご性格の明るさがお元気の秘訣
かもしれません。おじい様はいろんなことに興味を持
って取り組んでおられます。これもお元気の秘訣でし
ょう。いつまでもお元気でこの家に暮らしていただい
ていることは、何よりの喜びです。

<ruby>大<rt>お</rt>今<rt>お</rt>里<rt>い</rt></ruby>の家

おおいまざと
大今里の家

楠や桜の大木のある公園から家を望む。3階は
屋根に見えるようにデザインしている

左ページ――居間食堂は吹き抜けているので、
部屋が広く感じられる
右ページ――各部屋の様子

大今里の家

　大阪市内の事務所ビルや住宅が密集した地域にある間口4.5m、敷地面積53.1㎡の小さな敷地に住宅を建てたいというご依頼をいただきました。この敷地には奥様のご両親の仕事場である戦後間もない頃の建物があり、そこで使われた建具や家具をこのたびの建物に使ってほしいとのご要望でした。木製の事務机は3階の部屋の書斎スペースに置くことになり、建具は玄関ホールを仕切るのに使うことにしました。そして元の建物の記憶を残すために、新築ですが、どこか昭和の雰囲気を醸し出すデザインにしています。

　たまに帰って来られるご子息にも対応し、ご夫婦二人がいかに豊かに生活できるかということを第一に考えました。必要な床面積確保のために、どうしても3階建てになりますので、生活が階ごとに分断されずストレスなく暮らせることを目指しました。3層になっていますが、階段スペースは開放的で吹抜けに続き、部屋と部屋のつながり方、天井高の変化によるつながりの変化などによって、生活の流れを良くし、狭い部屋を広く感じられるようにしています。

　暮らしの中心であるリビングダイニングは隣の公園の樹木が一番きれいに見える場所に配置しました。大きな木製窓から隣の公園の緑と南窓台に置いた植木鉢の樹木の緑が窓いっぱいに見えて心が和み、窓を通して緑につなげることにより部屋を広く感じることができます。お隣の公園のクスノキとサクラの大木は、四季折々の変化を楽しませてくれます。春には満開の

桜、夏は濃い緑、秋は紅葉、冬にはクスノキの緑とサクラの樹形が美しいです。

　敷地は準防火地区になっており、木造3階建てですので準耐火建築物にしなければなりません。すると、いつもは見えるように設計している柱や梁などの構造を作っている材料を、すべて見えないように隠す必要があります。すべて隠すと、のっぺりした部屋になり、木造なのに木の家の良さが感じられない建物になってしまいます。そこで、本来の大きさに火災の時に燃えるであろう厚みを加えたより大きな部材を使う燃えしろ設計を行って、梁と大黒柱が見えるようにし、木の温かみが感じられるように考えました。仕上げは壁や天井の大部分を珪藻土塗装、床のフローリングは無垢の赤松の板を使い、木部はすべて植物オイルからなるオスモ塗として、健康に配慮しています。置き家具以外は作り付けの家具とし、できる限り部屋とのデザインの調和をはかりました。

　無垢の大径木や無垢板を使ったおかげで、音響が良くなり、奥様のバイオリンの音色が以前より良くなったとのことです。また、室内の空気は珪藻土の無数の孔が不純物を吸着して、よくある家の臭いがしないそうです。このように喜んで暮らしていただけるのが、設計者にとって一番うれしいことです。

塗り壁のマイナスイオン

　人がそこにいて心地よいと感じる場所はたいていマイナスイオン優位のところだそうです。左官組合の調査では、左官屋さんが塗って作った壁からはマイナスイオンが出ていることが報告されています。

　既製品の土壁材料もありますが、左官屋さん手づくりの土壁材料は、土、石灰、にがり、すさ（わら、麻などの天然植物繊維）を混ぜ合わせて、数か月置いておき、発酵させてあります。壁を作るところに竹小舞（たけこまい）と言って、割った竹を縦横に麻ひもで縛って下地を作ります。そこに、発酵させた土をつけていきます。これを下塗りと言い、何とも言えない臭いがするのですが、下塗りを乾かすだけでも最低3、4か月かかります。あちこちにひびが入るほど下塗りが完全に乾くと

中塗り、上塗りと行っていきます。漆喰塗りの場合は、ここにまた漆喰の下塗り、中塗り、上塗りの工程を経て、漆喰塗りの壁が出来上がります。

　材料が乾くタイミング、塗るタイミング、仕上がりが美しいかどうかの塗り方、すべてが左官屋さんの腕によっており、無くならないでほしい技術です。昔はそれぞれの職種の匠（たくみ）が腕を振るい、急いで家を作りませんでしたので、100年以上もつ家が生まれたのだと思います。

　近年ほとんどの壁が接着剤を使うビニールクロス貼りになり、タイル張りも接着剤を使うようになって、左官屋さんの出番がめっきり減ってしまいましたので、仕事のできる左官屋さんも本当に少なくなりまし

日本の風土に合った家づくりには、
私たちの祖先が長くかかってつくりあげてきた
民家などの中にも、
多くの学ぶべきものがあるはずだ。

た。クロス張りは最初のコストは安いですが、すぐに張り替えなければならなくなり、長い目で見ると汚れも味になる左官壁のほうがずっとお得です。近頃はボードに薄く塗ることができる珪藻土や漆喰もあり、左官ほどではありませんが、室内を清浄にする少しの効果が認められています。

　家を作る時、長いスパンで考えることが本当に大切です。そして、その中にいて健康で生き生きと暮らせるもので作ることが大事だと考えています。たくさんの職人さんが心を込めて手づくりしてくださった空間には、目には見えませんが、中にいる人の心を安らかにする何かがあるような気がしています。そういう何かに癒され、外でいろんなことがあっても、家では心からくつろぐことができれば、ストレスは解消し、また元気になることができます。

　身体が健康で生き生きしている時、人は前向きになり毎日を楽しく暮らせるように思います。どんな困難にぶつかっても、それを次のステップへのチャンスととらえることができれば、毎日が楽しくなります。みんなが楽しく生き生きと暮らしている世界は明るい空気に満ちた平和な世界になるのではないでしょうか。それにはまず、自分がそうなることではないかと思っています。

柳本の家

上——元の家にあった清水公照・東大寺別当の
筆による襖絵
右——居間・食堂はご家族のくつろぎの場とし
て、自然と皆が集まるそうだ

柳本の家

　柳本の家は山ノ辺の道にある景行天皇御陵(けいこう)の近くにあり、敷地南側からは、天皇御陵の陪塚(ばいちょう)を眺めることができます。元の家は、あまり使われない座敷が眺めと日当たりの良い場所にあり、居間は隣家がそばに見える東側にありました。そんなわけで、家族が敷地の一番良い場所でくつろげるような居間のある家に建て替えたいというご要望で、設計のご依頼をいただきました。

　建築家の数だけ設計の仕方があると思っていますが、私の場合は、最初に敷地の条件を読み取り、ご家族がこの場所でどんな生活を営まれるのがふさわしいか、どうすれば、生き生きと豊かに暮らしていただけるかということを考えます。まず、これから作る家での暮らしがあり、そこから形になっていきます。考えるといっても、私は言葉でつないでいくタイプではなく直観として浮かんできます。

　当時お子様方は小学校高学年でいらっしゃいました

し、家族全員に個室をという建主さんのご要望もあり、3つの個室と2つに仕切られた姉妹の部屋を作りました。すべての個室が専用庭に面するようにして、個室の窓からは緑が見えるよう樹木を植えました。そして家族全員が集える部屋は広く、天井を高くし、庭に面して窓を設けて一番広い庭につながるようにしました。

　この主庭には、大きくなってくれるムクノキを植え、将来家より高くなってこの団らんの部屋を包み込んでくれるよう願いました。長い廊下は、部屋を通って庭を通り、部屋と庭が繰り返し現れて、最も奥の部屋まで続いています。夜に天井の照明を消して廊下を歩くと、月の光が差し込んでいたり、星が見えたりして、とてもきれいだそうです。それぞれの部屋から自然の変化を感じ取り、自然と一体となって暮らしていただけているのは、とてもうれしいことです。

　家に入るのに長いアプローチが必要でしたので、

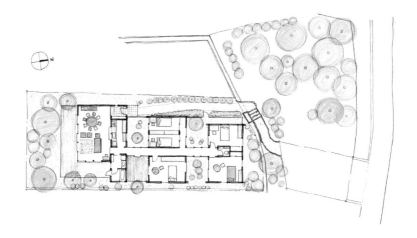

様々な景色を楽しんでいただけるようにしたいと思いました。まず、家に帰ってくると、道路に面して植えられた木々が目に飛び込んできます。シンボルの門を入ると農業用水路があり、橋がかかっています。稲が植わっている時期には、音を立てて流れる水の上を渡ります。建物に沿って敷地の奥まで進みますが、アプローチの片側はクロ竹の並木になっており、並木を楽しみながら玄関へと向かいます。建物側の地面には、緑の絨毯になるようフッキソウを植えました。移り変わる景色を楽しんでいる間に玄関に着くようになっています。

万葉集にあれほど自然が詠まれているのは、自然とつながって生きていた争いのない縄文思想がまだ生きていたからではないかと考えています。万葉人の心に思いを馳せ、現代人へのメッセージととらえて、耳を傾けたいと思っています。

自然に溶け込む住まい

昔から人々が住みついた美しい集落の自然も人々が長い年月をかけて育てたやさしい自然であり、住居と庭（外部空間）の関係は、人と自然の関りであって、私たちの暮らしや生き方の問題でもある。住宅が単なる容器とならないためにも、戸外空間である庭や自然との関わり方は、住空間を貧しくも豊かにもする決定的要素であると思う。

『緑の棲み家』学芸出版社、2000年

伊 賀 の 家

伊賀の集落を遠くから望む。あまりの美しさに
感動した場所

できるかぎり多くの樹木を
"よそ"のために植えることが
必要である。

居間・食堂からはすぐに中庭が見え、一段下
がった和室からは、石積みの上に庭が見える。
渡り廊下は壁・屋根共にガラスでできており、
緑と空に囲まれる空間となっている

無垢の木

木造の住宅では、ローコストで作ってくださいというご要望がない限り、柱や梁などの構造体ができる限り見えている真壁造で作り、材料は、国産の自然乾燥や低温乾燥の無垢の木材を使うようにしています。

それは日本の風土に合い、長持ちするからです。そして、柱や梁が見えていると修理の時に容易ということもありますが、無垢の木が作る部屋はその中にいる人の心を和ませてくれるような気がします。太い丸太の大黒柱のある家を設計した時に見学に来られた何人かの方は、丸太に思わず抱きついておられました。

皆さんにもそのような経験がないでしょうか。特に丸太は人の心に響く何かがあるように思います。そんなわけで、父は丸太が好きでしたが、私も好きでよく使っています。

最近フローリングの床が流行っていますので、床はフローリングにというご要望をいただくことが多いです。ベニヤの上に薄い木材を貼った既製品のフローリング材は、最初はきれいですが、傷がつくとだんだん汚くなり、何年かすると張り替えなければならなくなります。やはり、最初は安く思えても耐久性を考えると割高になるのです。ですから、傷がついてもそれが味になり、長年使い続けられる無垢の板材を床に張っています。無垢の板も節のあるものであれば高価ではなく、きれい過ぎなくて味があるので気に入っています。

伊賀の家

「父の曾祖父が植えた山の木を使って家を建てられるでしょうか?」とのことでご主人が事務所に訪ねて来られましたので、喜んで引き受けました。昔は普通に行われていたことですが、今ではめったにありません。せっかくの機会なので、木は山で「葉枯らし」をして自然乾燥させることにしました。2010年10月末、涼しくなるのを待って木を切り倒し、3か月の葉枯らしのあと、製材して自然乾燥を行い、材木として使うことになりました。

基本設計で予定している柱、梁の本数と大きさをあらかじめ知らせてあり、ちょうどそれに見合う木に印をつけてくださっています。木を切って下さったのは地元の杉本さんとおっしゃる方で、80歳とはとても思えないほど溌剌として血色が良く、身のこなしも軽く木の間を飛び回られます。お手伝いは杉本さんから林業を習っておられる建主のお父様です。先に切り倒した樹木と立木との間の幅1mほどの空間に、これか

ら切る木が倒れることになります。ワイヤーを倒れてほしい方向に少し角度をつけて引っ張ります。

そしていよいよ木にチェーンソーで切りかかり、倒す方向に角度をつけ、切り目を入れてくさび形に切り欠きます。この角度は言葉で説明できるようなものではなくて、熟練した技術から導き出されるのでしょう。背面に切り目をどんどん深く入れていくと、木が倒れ始め、どーん、と音がして、地面に横たわりました。ぴったり予定していた場所に倒れたのには、ただただ感動してしまいました。生えている場所も木の大きさ、枝の生え方もすべて1本ずつ違う。職人の技としか言いようがありません。是非この匠の技を次の時代に伝えていってほしいと思いました。

ヒノキや松は、林道から近い場所にあった杉とは違って、道路から遠く離れた山奥にありました。その木を見るため、雨の中、急斜面を登っていきました。ヒノキはとても大きく立派な木で大黒柱にぴったりでし

た。根元はあまりにも太いので、食卓の天板に使うことにしました。これらのヒノキや松は葉枯らしをした後、200mの距離をネットワイヤーで引き、その後、斜面を落として、林道まで運んだそうです。

立ち木をよけながら落とすそうで、何度かはひっかかり、方向を変えながら下ろすのは大変な作業だと思いますが、杉本さんにとっては、普通のことだそうです。皮をむいてもどこにも傷はなかったので、感心しました。

杉本さんが若い頃（40年ほど前）は、村人総出で毎日下刈り、枝打ちや間伐など山の手入れに行ったそうです。毎日の食事は野菜が主で、たまにイノシシや鹿、川で取れたヤマメというように地元の食材を中心とした生活だったとおっしゃっていました。このお話を伺うと、いかにも健康的なので、80歳にしてなお現役で身軽なのが納得できました。現在では、あまりにも木が安いため、だれも山に手入れに行かないそう

で、それを見かねて杉本さんと建主のお父様が、山の手入れに回っていらっしゃいます。「山が荒れるとどうなるのでしょうね?」という私の問いに「国滅びる、と言うんじゃ」という杉本さんの答えが返ってきました。

微力ですが、私にできることは、国産材が活きるような建物を作り、その良さをPRすることだと思っています。

建主さんは大阪で暮らしていらっしゃいましたが、実家の畑だったところに、家を建て故郷に住まわれることになりました。敷地はとても風光明媚なところにありますが、皆さんが集まって住まわれているために敷地三方に家があり、現在建物のない北側は空き地なので、いつ家が建つとも限りません。そこで、中庭を設けて中庭に向かって開放的な設計にしました。居室棟と主寝室棟は中庭をはさんで向かい合っていますが、両棟の床の高さに差があり、ふたつの棟はガラス

張りの渡り廊下によってつながっています。

　中庭にはイロハモミジ、シャラ、ユキヤナギ、ツツジなどを植え、一段下がった和室の前は石を積んだ庭になっています。中庭も部屋の一部として、一日の移り変わりや四季の変化を感じ取っていただければと願いました。道路に面した前庭には、ヤマボウシやナツハゼ、モミジ、ユキヤナギ、フッキソウなどを植えています。建主さんが、幼少の頃遊ばれた小さな池を残してほしいとのことでしたので、池底をきれいにして周囲に石を積みました。

　ご先祖にゆかりのある木に毎日見守られながら、ご家族が新居で暮らされるというのはとても意味のあることだと思い、建主さんのお山の木を居間食堂のメインになる構造材に使いました。雨のかかるところはヒノキに、荷重が大きいところはマツに、その他にスギを使いました。すべてが手づくりなので、たくさんの方々の手間がかかっています。

　そして建具もすべて手づくりの木製建具です。居間食堂の中庭側を、設計当初からすべて開け放ちたいと考えていたので、折戸として計画していましたが、耐久性のありそうな金物が見つかっていませんでした。しかし、施工図を作る段階で、やっとイギリス製の頑丈な金物が見つかり、丈夫な木製折戸を作ることができました。木製建具もラバーやモヘヤ、ヒモを上手く取り付けることにより、かなり隙間風を減らすことができます。無垢の材料のため竣工当初は変化し、辛抱強く調整することが必要で、何度もの調整を許してくださった建主さんに感謝しています。

　自然の素材で丁寧に作られた家が、風雪に耐え長い年月生き続けて家族の歴史を刻んでくれることと喜んでおります。

目 神 山 の 家　19

下の階が増築部分。急斜面に建っている。ス
ニーカーは滑って歩けないので、現場監理のた
め、地下足袋を買った

左上──コンクリートは母屋の基礎
左中──室内に取り込まれたコンクリート基礎
の威圧感を柱で取り囲んで和らげた
左下──窓からは森の中に浮かんでいるかのよ
うな景色が広がる
右──斜面に浮かぶ増築棟

目神山の家 19　増築

　あるとき、幸運にも父が設計した「目神山の家19」に増築するという設計のご依頼をいただきました。建主さんのご要望を満足させながら、父の設計した建物への影響をいかに少なくできるかが課題でした。

　目神山の家19は、道路から分かれる細いアプローチを少し上っていく敷地に建っています。まずカーポートがあり、それとほぼ同じ高さの小さなブリッジを渡ると居室の屋根が芝生になっており、その庭に小さなペントハウスの和室と玄関があります。つまり、家の前に立って見えるのは小さなペントハウスと芝生の屋根だけです。

　居室は玄関の下の階の急斜面に建てられています。このたびの工事で、敷地があまりに急斜面のため、重機を使うことができずに手掘りになりました。工事をしてわかったのですが、手掘りの範囲をできるだけ減らすこともあって、地面近くに建物を作ることが多い父が、地面から浮かせて目神山の家19を作ったのではないかと思いました。

　父が設計した当初から、予算の関係で延べ床面積が小さくなっており、手狭になれば、将来下階に増築できるように1階の床スラブには開口が設けられていました。現在の建主さんは、前の持ち主からこの家を買われた2代目です。当初の方とは家族構成も異なっていましたので、ライフサイクルも異なり、意外に早く増築することになりました。新しく建物を作るには、母屋の建物の床スラブ下のこの場所しかなく、現在の住宅の下にどういう風に新築するかが問題でした。建主さんとの話し合いの中で、離れとして建てる方が非日常的で面白いのではないかということになり、床スラブの開口は使わず、1階の庭に面した掃出し窓から一旦外に出て、庭を通って増築建物に行くことになりました。

　離れは、主に書庫ですがオーディオルームにも使われます。敷地は急斜面になっていますので、母屋は2階の玄関から入って1階に降りても地面から高く離れており、そのため、高いところでは、地面から1階の

シンプルな生活ができさえすればいいとすると、
あまりデザインされていない方がいいのではないかと思う。

床まで6.2mの高さの基礎が立っています。そこで、離れを気持ちの良い部屋にするために、基礎を部屋に取り込みながら作ることにしました。この建物は東が広い公有林になっており、母屋1階の居間食堂からは豊かな緑を望むことができます。今回の増築棟も東に面していますので、公有林の緑を既存とはまた少し違った景色として楽しめるように考えました。

外装はほとんど同じ材料を使い、内部も既存建物と同じ仕上げとしましたが、窓の割り付け寸法を変え、内部の仕切りは、壁にせず家具で仕切っていただくようにしました。室内にはシンボル柱を立ててほしいとの建主さんのご要望があり、皮付きの赤松丸太を使っています。母屋とよく似た感じでありながら少し異なるデザインとして、違和感をおぼえることなく馴染んでいただけるように考えました。目神山の自然の中で、母屋と新しく作られた離れで暮らし、今までとは違った楽しみを味わっていただけるとうれしいです。

「安住の棲み家を求めて」
目神山の住宅をめぐって

人がある場所に深く根をはって生活したいと望むとき、必要なのは建物の形態の良し悪しよりも、住む人々の心をつなぎとめて離さないその場所の雰囲気や、安らぎをもたらしてくれるような環境であろう。そしてまた、そこに住む人々のその場所に対する深い愛情が、美しい街並みをつくりだしていくのだと思う。人間のための潤いのある住環境は、こんな些細なことを住宅の原点として再認識することによってつくられていくものであると思う。

『緑の棲み家』学芸出版社、2000年

田んぼのある風景が好きです。
雨上がりの朝、青々とした稲の葉先すべてに
小さな水滴がつき、
陽に照らされてキラキラ輝いている様子は、
はっと息をのむほどです。
まるで田んぼが、景色を美しくするために
あるかのように感じられることがあります。

大和

　父の事務所はずっと大阪にあり、私は所員としてそこで働いておりました。父が亡くなる5年前にそこから独立しましたが、父の事務所に間借りしていました。父は亡くなる1年前に事務所を閉めて、私の事務所に入ってきたので、一緒に仕事ができたのは、なつかしい思い出です。毎日が飛ぶように過ぎていき14年経った時、ふと大阪にいる必要がないのではないかと思いました。それで平日は通勤しなくてもよいように仕事場に泊まろうと考えて、3年前に事務所を大阪から奈良県桜井市に移しました。今は大部分の時間を桜井で過ごしています。地域には昔のようなコミュニティが残っていて友人もでき、皆さんとお知り合いですので暮らしていて安心感があります。

　桜井は大和朝廷のたくさんの都があった場所で、古くから開けた土地ですので文化の蓄積を感じます。父の両親が生まれた明日香村の隣の市で土地勘もあり、祖母とそっくりの言葉遣いを聞いて親しみがわきました。

　事務所は借りており、私が設計した建物ではありませんが、大家さんが事務所に使いやすいように改装してくださいました。60年程前に建てられた土壁でできた家で快適です。家の中まで小鳥の美しいさえずり

住むべき場所

私達がどこに住むべきかは、人それぞれの考え方によるとしても、快適な自然環境の中に快適な暮らしの場があることを望まない人はいないと思うし、また、まったく自然がなくなった大都市（市街地）であっても、人々の知恵と努力によって失われた自然を身近によみがえらせることも出来る。太陽と澄みきった空気と水、そして土と豊かな緑など、私たちの生活に欠くことのできないこれらの要素をどのように守り、生かしてゆくかで人々の心を繋ぎとめてはなさない安住の場が創造されてゆくものと思う。

人々の生活は、不変のものでも規定されたものでもないが、生まれ、育ち、産み、そして死んでゆく輪廻転生の場が家であるとも言える。住宅は豪華で壮大でなくて良い。豪華になればなる程、自然が遠のくことになる。関西の風土に建てられる住宅は素朴でさりげない風情が周囲によく似合い、美しいと私は思っている。

『家家』学芸出版社、1984年

が聞こえてきて、外の自然とつながり、心が休まります。庭はありませんので、窓の外に常緑樹で小さな白い花が咲く鉢植えのトキワエゴノキを置いて眺められるようにしました。2階の窓からは古代から信仰の対象だった三輪山（みわやま）を眺めることができ、四季折々、日々移り変わる美しい姿を見せてくれます。春の若葉、雨上がりの雲がかかった山は格別の美しさです。

桜井には万葉集に詠まれた場所がたくさんあり、そこにいると歌を詠んだ人が語りかけてくるような気がします。2世紀頃のものだと言われる纏向遺跡（まきむく）という古代の遺跡やたくさんの古墳もあり、古くからの歴史が、連綿と受け継がれて、大和の穏やかな暮らしを作っているように思います。

豊かで穏やかな山並み、川、そこに広がる田畑を見ていると心が穏やかになり、毎日を丁寧に暮らしてきた大和人の心が伝わってくるように思われます。時がゆっくりと流れるようになり、桜井に来てからの年月はとても長く感じられます。美しい自然に囲まれ、幸せだなあと思う時間が増えました。行き当たりばったりの生き方ですが、幸せな思いはそれとは関係がないのだと思う今日この頃です。

大和橘の実。直径3cmくらいの実はとても可
愛らしく、古くから日本に自生する固有種で、
現在は準絶滅危惧種に指定されている。万葉集
には68首の橘の歌があり、古事記と日本書紀
にある不老長寿の実というのは、橘のことだと
言われている

おわりに

最終的には、建築が植物と同化し、

建築＝植物

になれば建築も永遠のものになるように思う。

　「唯一無二の家」を作るには、長い時間がかかります。

　大工さん、左官屋さん、建具屋さん、塗装屋さん、屋根屋さんなど様々な職人さんたちの手づくりですので、少なくとも8か月くらいはかかるでしょう。それぞれの家ごとにすべてが異なりますから、家を設計するたびに、通常の図面プラス詳細図、大工さんが部材を組み立てるための縮尺が大きい図面、建具屋さんには、部屋のそれぞれの箇所別に建具の寸法、材質、窓金物の種類の入った図面などを作ります。

　屋根屋さんには、屋根の端のところをどう作るかということがわかるよう、たとえば縮尺2分の1などの図面を作って打ち合わせます。左官屋さんや塗装屋さんにはそれぞれの箇所の見本を作ってもらい、あれやこれやと考えながら色や風合いを決めていきます。

　そして建物が出来上がるまで、少しでも良い建物ができるように何度も工事中の現場に足を運びます。基礎のコンクリート打ちの前には、コンクリートプラントに伺い、工事にかかわる方々にお会いして、使われている材料や設備を調査します。初めて一緒に仕事をするメンバーであれば、前日に集まって、コンクリート打ちについての注意点を説明し、どのような手順で

打設するかを相談して、良いコンクリートを打っていただけるよう士気を高めます。

　建物が出来上がってくると今度は、植木屋さんの出番です。植栽の日は植木屋さんにずっとつきっきりです。植木が植わってくると、建物までもが良くなっていくような気がして、うれしくなります。

　そんなふうにして出来上がった家は、職人さんたちの一生懸命に作ったエネルギーが詰まっており、そのエネルギーが住む人に良い影響を与える気がします。そのような家に住んでいると、手づくりの温かさが伝わってきて心がやすらぐ家になると思っています。

　もちろん、建築の世界でも技術は進歩しています。近い将来、AIが設計した家が作られるようになり、出来上がった家にもAIが組み込まれることになるかもしれません。でも、人が設計した手づくりの家に住む人は、その生活において人として生きることを満喫し、楽しんでいけるような気がしますし、そうであればいいなあ、と思っています。

　インターネットで食事を注文し、20分で宅配ロボットが届けに来るような時代になっても、たとえば農業が好きな人が無農薬、有機肥料で作った形は不ぞろいでもとびきりおいしい野菜を届けてもらい、台所で

家族がみんなのために心を込めて食事を作る。献立を考え、盛り付けのデザインをする楽しさ、作ることには、たくさんの楽しめることがあります。みんな揃って食卓に集い、おいしいねえと言いながら喜んでいただく。

そんな時、子供たちは食べることを通して様々なことを学び、人として成長していくのではないでしょうか。丁寧に暮らす日々の生活が人格形成に与える影響ははかりしれないかもしれません。誰かの幸せを願って考えること、誰かのために心を込めて作ることは人だからこそできることであり、だからこそ生きていて楽しいのだと思うのです。

何もないところから設計思想や哲学に基づいて新しく家を作り出すということ、これは人だからこそできることだと思っています。人は今までにしてきたことから突然前例のないこと、まったく新しいことを作り出すことができます。そして最も大切なことは、生きるということについてどれだけ深い洞察があるか、「建物に哲学が込められているかどうか」、これが決定的な違いです。

家はその中にいて味わうものですから、日々そこに住む人は家から大きな影響を受けます。しかも知らないうちに影響を受けているのですから、どのような家に住むかということは、その人の人生に大きな影響を与えます。家はそれほど大切な物ですので、ご自身にぴったりの家、唯一無二の家に住んでいただきたいと願っています。

そして、いろいろな事情で、大都会のマンションに住まなければならない人であっても、その場所を「唯一無二の家」に近づけることはできるはずです。バルコニーがあれば、そこに植木鉢を並べて、部屋から眺められるようにし、室内はご自身でビニールクロスの代わりに珪藻土塗料を塗ることができます。バルコニーがなければ、部屋に鉢植えを置いて育てると、植木や花に愛情をかければ元気になり、植物は育て主の気持ちを汲み取って答えてくれます。

鉢植え一つでも、自然とつながることができる。そのようにして、たくさんの方々が自然とつながり、家に住むということを深く考えるようになれば、人生や世界はより良くなっていく。そのように考えています。

プロフィール

石井修 (いしい・おさむ)

1922年奈良県明日香村に生まれる。吉野工業学校建築
科卒業後、大林組・東京支社勤務。
早稲田高工建築学科に学ぶ。
海軍建築部および陸軍航空隊に応召。
戦後、大林組に復帰。大林組退職後、工務店自営。
1956年、美建・設計事務所を開設。
2007年自宅にて永眠。

1986年度日本建築学会賞受賞「目神山の一連の住宅」
第12回吉田五十八賞「目神山の家8」
日本建築家協会 JIA25年賞大賞受賞「回帰草庵」

石井智子 (いしい・ともこ)

大阪生まれ。
石井修/美建・設計事務所勤務の後、
2002年、石井智子美建設計事務所を設立。
株式会社美建設計事務所に改名、現在に至る。

日本古来の技術を大切にしながら、自然とつながる現
代住宅を設計している。また、歴史のある建物を保存
し、現代に生かす設計も行っている。

一級建築士
ヘリテージマネージャー

人＝人生＝建築
ユイイツムニの家

2022年7月31日　初版第一刷発行

著者　　　石井智子

写真　　　Takeshi Aoki
ロゴ　　　Magie. J
装丁　　　北田雄一郎

発行者　　工藤秀之
発行所　　株式会社トランスビュー
　　　　　〒103-0013　東京都中央区日本橋人形町2-30-6
　　　　　電話　03-3664-7334
　　　　　URL　http: // www.transview.co.jp
印刷・製本　モリモト印刷